Cementerios de dinosaurios en África

Grace Hansen

Abdo
CEMENTERIOS DE DINOSAURIOS
Kids

Abdo Kids Jumbo es una subdivisión de Abdo Kids
abdobooks.com

abdobooks.com

Published by Abdo Kids, a division of ABDO, P.O. Box 398166, Minneapolis, Minnesota 55439. Copyright © 2023 by Abdo Consulting Group, Inc. International copyrights reserved in all countries. No part of this book may be reproduced in any form without written permission from the publisher. Abdo Kids Jumbo™ is a trademark and logo of Abdo Kids.

Printed in the United States of America, North Mankato, Minnesota.

052022

092022

 THIS BOOK CONTAINS RECYCLED MATERIALS

Spanish Translator: Maria Puchol

Photo Credits: Alamy, AP Images, Getty Images, iStock, Science Source, Shutterstock, ©Paul C. Sereno p21 / CC BY 3.0, ©Masato Hattori p20-21

Production Contributors: Teddy Borth, Jennie Forsberg, Grace Hansen
Design Contributors: Candice Keimig, Pakou Moua

Library of Congress Control Number: 2021951645

Publisher's Cataloging-in-Publication Data

Names: Hansen, Grace, author.

Title: Cementerios de dinosaurios en África/ by Grace Hansen.

Other title: Dinosaur graveyards in Africa. Spanish

Description: Minneapolis, Minnesota: Abdo Kids, 2023. | Series: Cementerios de dinosaurios

Identifiers: ISBN 9781098263423 (lib.bdg.) | ISBN 9781098263980 (ebook)

Subjects: LCSH: Dinosaurs--Juvenile literature. | Fossils--Juvenile literature. | Africa--Juvenile literature. | Paleontology--Juvenile literature | Paleontological excavations--Juvenile literature. | Spanish language materials--Juvenile literature.

Classification: DDC 567--dc23

Contenido

Dinosaurios de África 4

Formación Tendaguru.......... 8

Formación Bahariya 12

Lechos de Kem Kem 16

Formación Elliot............ 18

Grupos principales
de dinosaurios 22

Glosario..................... 23

Índice....................... 24

Código Abdo Kids............ 24

Dinosaurios de África

Los dinosaurios vivieron hace aproximadamente entre 245 y 66 millones de años. Tras la muerte de un dinosaurio sus restos podían convertirse en fósiles. ¡En perfectas condiciones este proceso tarda más de 10 000 años!

Hay fósiles de dinosaurios en todos los continentes, incluida África. Se encuentran normalmente en **formaciones rocosas**. ¡Algunas formaciones conservan más fósiles que otras!

Formación Tendaguru

La formación Tendaguru está en Tanzania. Aquí hay muchos fósiles de dinosaurios enterrados. Algunos son de los grandes saurópodos que habitaron esta zona.

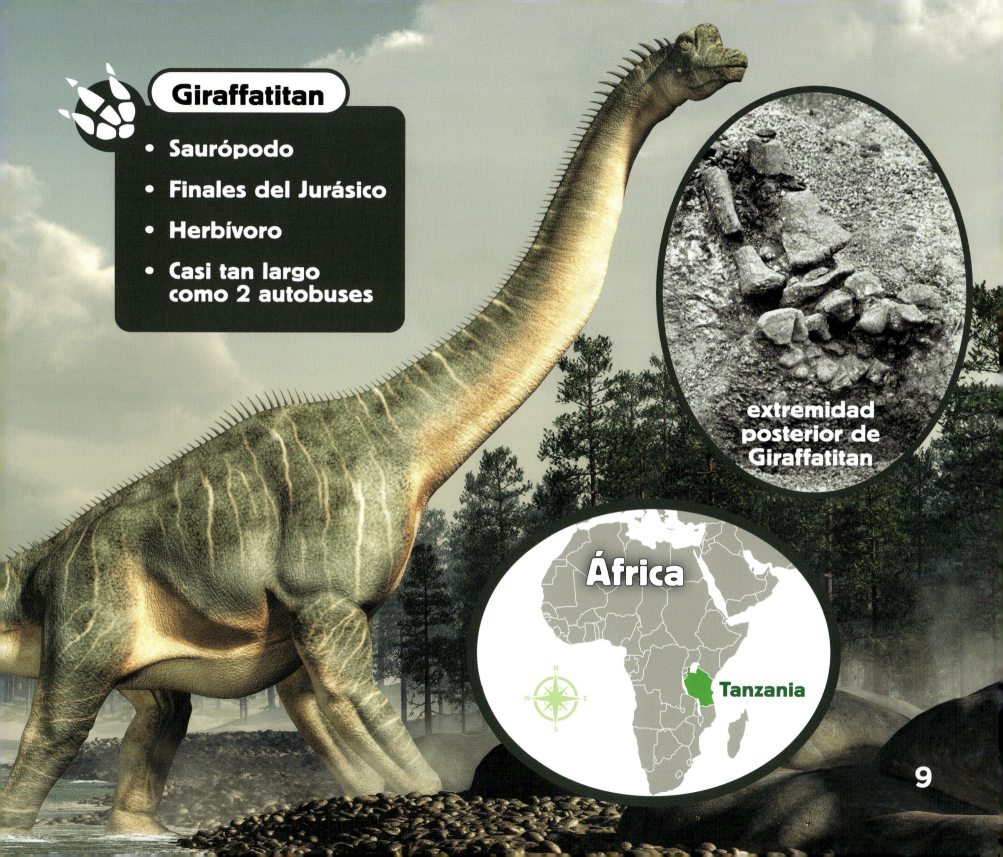

Giraffatitan

- Saurópodo
- Finales del Jurásico
- Herbívoro
- Casi tan largo como 2 autobuses

extremidad posterior de Giraffatitan

África

Tanzania

Se encontraron fósiles de Kentrosaurus en muchas de las excavaciones de esta formación.

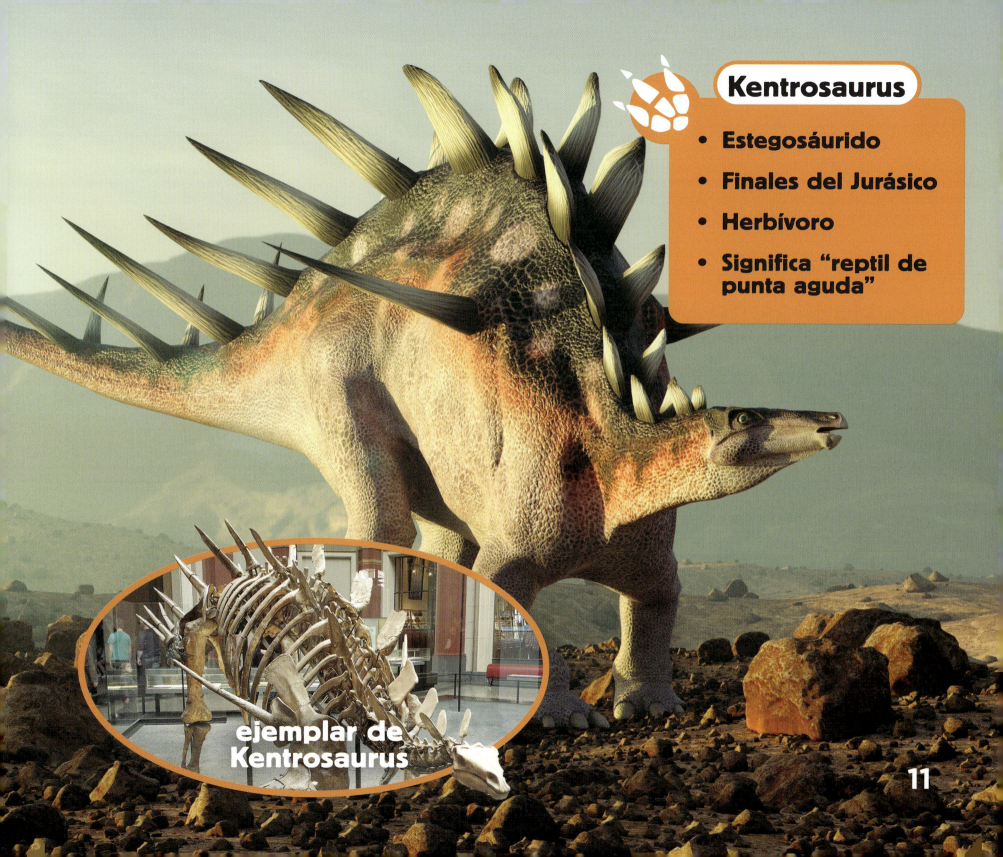

Kentrosaurus

- Estegosáurido
- Finales del Jurásico
- Herbívoro
- Significa "reptil de punta aguda"

ejemplar de Kentrosaurus

Formación Bahariya

Algunas de las especies más grandes de dinosaurio se han excavado en la formación Bahariya de Egipto. ¡El Paralititan fue un saurópodo gigante! En 1999 se encontró un esqueleto parcial.

Paralititan

- Saurópodo titanosauriano
- Finales del Cretácico
- Herbívoro
- Tan largo como un avión Boeing 737-500

Egipto

También se encontraron fósiles de Spinosaurus en esta formación. ¡Este dinosaurio fue el **carnívoro** más grande que jamás haya existido!

Spinosaurus

- Terópodo
- Finales del Cretácico
- Carnívoro
- Tan largo como un remolque de camión

dientes de Spinosaurus

Lechos de Kem Kem

La formación de los Lechos de Kem Kem en Marruecos está llena de fósiles. Aquí se descubrieron restos de Rugops. También se encontraron muchas especies de pterosaurios.

Alanqa
- Pterosaurio
- Finales del Cretácico
- Carnívoro
- Su nombre proviene de la mitología árabe

Rugops
- Terópodo
- Finales del Cretácico
- Carnívoro
- Muy bajo de estatura, con brazos inútiles

Marruecos

Formación Elliot

La formación Elliot en Sudáfrica es especial. Uno de los primeros dinosaurios en ser nombrado se desenterró aquí.

También se descubrieron en esta formación pequeños ornitópodos. El Pegomastax solo medía 2 pies (60 cm) de la cabeza a la cola.

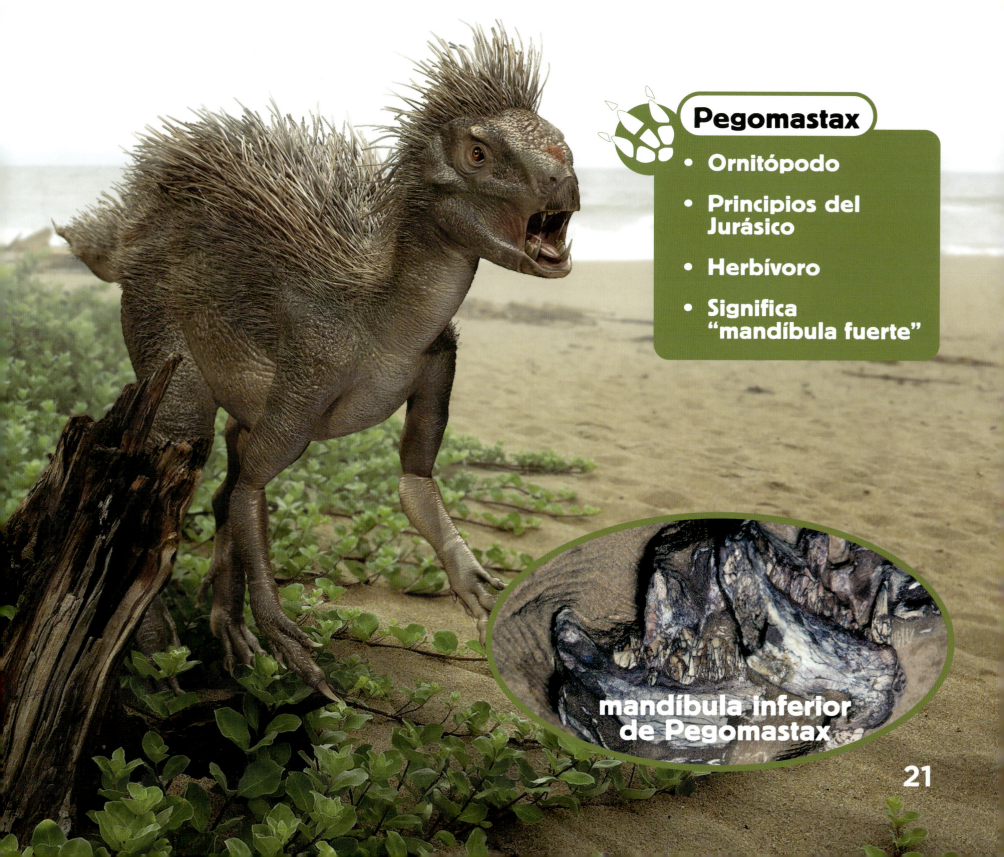

Pegomastax

- Ornitópodo
- Principios del Jurásico
- Herbívoro
- Significa "mandíbula fuerte"

mandíbula inferior de Pegomastax

Grupos principales de dinosaurios

Ornitisquios

Anquilosáuridos
- Cuadrúpedos
- Herbívoros
- Fuertemente acorazados
- Cuerpo con forma de tanque
- Algunos con cola de garrote

Ceratópsidos
- Cuadrúpedos
- Herbívoros
- Cuernos largos
- Picos puntiagudos
- De constitución fuerte
- Con enormes cráneos

Ornitópodos
- Bípedos
- Herbívoros
- Con pico
- Con muelas

Estegosáurido
- Cuadrúpedos
- Herbívoros
- Con cabeza pequeña
- Con placas óseas pesadas y púas en la columna y la cola

Saurisquios

Saurópodos
- Cuadrúpedos
- Herbívoros
- Muy grandes
- Con cuello y cola largas
- Cabeza pequeña

Terópodos
- Bípedos
- Carnívoros y omnívoros
- Variedad en tamaño: De pequeños y frágiles a muy grandes
- Con brazos cortos

Glosario

carnívoro – animal que se alimenta de otros animales.

excavación – gran foso al aire libre, usado para explotar materiales.

formación rocosa – conjunto importante de rocas con unas características físicas que lo diferencian de otras formaciones cercanas.

herbívoro – animal que se alimenta únicamente de plantas.

omnívoro – animal que se alimenta de plantas y de otros animales.

paleontólogo – científico que estudia los fósiles de animales y plantas para averiguar información de la vida en el pasado.

parcial – incompleto.

pterosaurio – reptil volador que vivió en la época de los dinosaurios. Tenía pico y alas como las aves.

Índice

Alanqa 17

Egipto 12, 14

Giraffatitan 9

Kentrosaurus 10, 11

Marruecos 16

Massospondylus 19

Owen, Richard 19

Paralititan 12, 13

Pegomastax 20, 21

Rugops 16, 17

Spinosaurus 14, 15

Sudáfrica 18, 20

Tanzania 8, 9

¡Visita nuestra página **abdokids.com** para tener acceso a juegos, manualidades, videos y mucho más!

Los recursos de internet están en inglés.